今日からなくそう！
食品ロス
～わたしたちにできること～

監修：東京家政学院大学教授　消費者庁食品ロス削減推進会議委員 上村協子

③ 食品ロスとSDGs

汐文社
ちょうぶんしゃ

はじめに

　私たちが今こうしている瞬間にも、たくさんの食べ物が作られ、輸入されています。店先には多くの食べ物が並び、レストランではさまざまな食事が提供されています。

　とても豊かに見える日本の食生活ですが、その裏側では、まだ食べられるものが大量に捨てられています。それが食品ロスです。

　食品ロスはなかなか減りませんが、「なくしていこう」「もっと減らさなければならない」という意識が少しずつ高まっています。そのため、社会全体で、食品ロスを削減する取り組みが広がっているのです。

　たとえば、食品ロスを利用して、食べ物を必要としている人たちを助けるフードドライブ、「3分の1ルール」の見直し、賞味期限を長くするためのパッケージの改良などです。

　また、飲食店での食べ残しを減らす活動や、食べ残しを持ち帰れるドギーバッグは、誰もが参加しやすい活動といえるでしょう。

　第3巻では、社会がどのように食品ロスに取り組んでいるか、また、私たちが気軽に参加できる活動にはどんなものがあるのかを紹介しています。

　そして、あらためて「食べ物とは」「食べることって何だろう」という根本的な問いかけもしています。

　第1巻、第2巻、第3巻でそれぞれ内容は異なりますが、「少しでも食品ロスを減らしたい」という思いは同じです。

　1人の力は小さいけれど、それが社会を変える原動力になります。さあ、今日から、あなたも始めましょう。

コープこうべの「てまえどり」運動　より

もくじ

エシカルな消費者になろう

●知ること、現実を見つめることの大切さ

日本では年間612万トンもの食品ロスがあり、国連世界食糧計画（WFP）の年間の食料援助の量の約1.7倍にもなります。つまり、飢餓に苦しんでいる国や地域に支援する食料より、もっと多くの食品を捨てているのです。

さらに、日本では大量の食べ物を輸入に頼っていますが、地球全体の人口は増え続け、また、環境破壊によって気候変動が起きている今、これから先も同じように輸入できるとは限りません。

そう聞いて、「食品ロスをすぐに減らさなくては」「食べ物を大切にしよう」と感じたのではないでしょうか。だからこそ、知ること、現実を見つめることが大切なのです。

●エシカル消費ってなんだろう

みなさんは「エシカル消費（倫理的消費）」という言葉を知っていますか。エシカル消費とは、人や社会、地球環境、地域のことを考えて作られたものを、買ったり使ったりすることです。

ちょっとむずかしいので、クリスマスケーキや恵方巻きを買う場合で考えてみましょうか。

AとBのお店があって、あなたはどちらで買おうか、迷っています。おいしさや値段は同じですが、2つのお店には大きな違いがあります。

▷**A店**　大量に作って、売れ残りを大量に捨てている
▷**B店**　予約した分しか作らず、売れ残りが出ない

B店のほうがしっかりと食品ロスに取り組み、環境のことを考えているといえますね。そうしたお店の考えを知って買い物をすることが、「エシカル消費」に当たります。

クリスマスケーキも恵方巻きも、季節のイベントのときにだけ登場するもので、食品ロスが多い食べ物です。消費者が行動を変えるのによいきっかけになるでしょう。

●誰でもエシカルな消費者になれる

　買ってきた食品を新鮮なうちに食べきること、できるだけ捨てる部分を減らすことも、エシカル消費です。

　また、地元のお店で買い物をすれば、地域のことを考えられますし、輸送のコストも低いので、環境に優しいエシカル消費になります。

　給食をしっかり食べること、必要以上の買い物をしないこと、外食のときは食べる量を考えて頼むことも、どれもみんなエシカル消費です。

　エシカル消費の原点は、「自分の生活を反省しながら見直すこと」ですから、誰でもエシカルな消費者になれるのです。そう思うとワクワクしませんか。

　どんなエシカル消費があるか、友だちと話をしたり、自由研究をしてみましょう。人や社会、地球環境や地域を支える大きな力になるはずです。

エシカル消費は、SDGsとも深い関わりがある

私も今日から、エシカルな消費者になるぞ！

　2019年、食品ロスに関する法律ができました。「食品ロスの削減の推進に関する法律」です。わかりやすくまとめると、

① 一人ひとりが食品ロスを自分のこととして考える

② 一人ひとりが食べ物をムダにしないように取り組み、習慣づける

③ 食品ロスを減らすために、社会全体として対応していく

④ まだ食べられる食品について、「できるだけ食品として活用する」

　こうした行動が重要だと書かれています。

　そして日本では今、「2030年までに食品ロスを半分に」という目標に向かって、さまざまな取り組みが始まっています。

食品ロス削減国民運動ロゴマーク
「ろすのん」

「10月食品ロス削減月間」ポスター

● 商品は手前から取ろうという呼びかけ

　スーパーなどで買い物をするときに、みなさんは、手前から商品を取りますか、それともいちばん奥から取るでしょうか。

　「できるだけ賞味期限が長いものを買おう」と考えて、奥の方から取っているかもしれませんね。

　でも、食品ロスを減らすためには、手前のものを買って、すぐに食べる習慣を身につけましょう。

　買ったらすぐ食べる。食べる予定がなければ買わない。そうした習慣が食品ロスを減らすことになるのです。

環境省 ポスター

票に向かって

●宴会の食べ残しを減らす「3010運動」

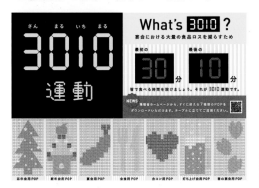

佐賀市・3010運動の啓発グッズ

大分市・3010運動ポスター

大人になると、いろいろな食事会や宴会に参加する機会があります。宴会はコミュニケーションを深める場なので、席を移動したり、ついつい話がはずんだりして、料理を残しがちです。

そこで考え出されたのが「3010運動」です。

宴会が始まって30分は席を立たずに料理を楽しみ、終わりの10分は自分の席に戻って、再び料理を楽しむわけです。

このように時間を決めると、食事をする時間とおしゃべりを楽しむ時間のメリハリがつき、食べ残しがぐんと減るようになります。

全国各地で、この運動が広がっています。

●食品ロス7日間チャレンジ

家庭で出る食品ロスを減らすためには、自分の家ではどのような食品がどれくらい捨てられているかを知ることが大切です。

環境省が作った「7日でチャレンジ！食品ロスダイアリー」では、1日ごとに捨てた食品の種類、重さ、捨てた理由などを日記スタイルで書き込むことができます。また、二酸化炭素をどのくらい出したのかもわかるので、食品ロスに取り組むと同時に、環境問題についても学べます。

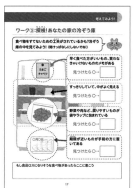

環境省のHPからダウンロードできます

東京都文京区の取り組み

　東京ドームのある文京区では、「家庭ごみにどんなものが入っているのか」を調査しています。

　令和元年度の調査では、手つかずのまま捨てられている食品が、全体の2.4%を占めていることがわかりました。右がそのときの写真です。買ってすぐに食べれば、捨てずにすんだものばかり。もったいないですね。

文京区 令和元年度組成分析調査（食品ロス）

●食べ物を届けるフードドライブ

　文京区では、食品ロスを減らすために、家庭にある食品（未利用で、賞味期限前のもの）を持ち寄って、必要な団体や施設に寄付する活動「フードドライブ」に取り組んでいます。区役所に集められた食品は、NPO法人を通じて、食べ物を必要としている人たちに届けられます。

区民への呼びかけで集まった食品

仕分け作業の様子

●始めよう、食べきり推進活動！

「ぶんきょう食べきり協力店」では、「たべものにありがとう、ごちそうさま。」を合言葉に、みんなにおいしく食べきってもらえるように食べ残し対策に取り組んでいます。

現在、文京区内に46店舗（令和2年7月現在）あり、小盛りメニュー、一人前メニュー、苦手な食べ物・アレルギー等の確認、食べきりの呼びかけ、量り売りやバラ売り、一人前のお惣菜の販売、賞味期限が近い商品の値引き、食べ残しの持ち帰りなどのサービス（どれか1つ以上）をしています。

協力店のステッカー

●おいしく食べて笑顔になってほしい　レストラン・Jbien（じぇびあん）

食べきり協力店「レストラン・Jbien（じぇびあん）」では、オーダーのときに「ごはんは小盛りで」「パンは1個でいいです」「パスタの量を減らしてください」のように、気軽に伝えることができます。

パーティーも多いので、幹事さんと前もってメニューの打ち合わせをして、できるだけ食べ残しが出ないように工夫。そして、食べ残しが出たら、容器を準備して、参加者が自己責任で持ち帰れるサービスもしています。

また、宴会のスタート30分と終わりの10分は、食べることを優先するように呼びかける「3010運動」も取り入れています。

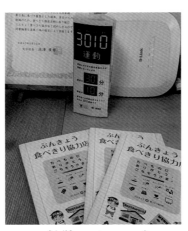

3010運動のPOPと食べきり協力店のパンフレット

持ち帰りできる容器

店長の徳田芳宏さん

私は食べることが大好きです。だから、お客様にもおいしく食べてほしいと願っています。多すぎても、嫌いな食べ物でもがんばって食べる。それも大切かもしれませんが、できれば、最後までおいしく食べきってほしいのです。
そのために、作り手の私は、分量を調節したり、お客様の苦手なものをはずしたりといったことにも取り組んでいます。

社会の取り組み

●切れ端もおいしく活用　山崎製パン株式会社

　山崎製パンでは、「ランチパック」や「まるごとバナナ」の製造過程で出る切れ端を、捨てることなく、さまざまに活用しています。

　たとえば、ランチパックを作る際に切り落とされるパンの耳は、オーブンで焼いて味付けしたものをラスクとして販売。また、細かくパン粉にして、ハンバーグやメンチカツのつなぎとしても使用しています。

パンの耳を切り落として作られるランチパック

パンの耳がラスクに変身

パンの耳がパン粉としてハンバーグやメンチカツのつなぎに使用された商品

　まるごとバナナは、バナナの端を切り落として製造しますが、切り落とされた部分は、バナナパウンドケーキの生地に練り込んで焼き上げます。

　そして、パンの耳もバナナの切れ端も、使いきれない部分は豚の飼料として使うためムダがありません。さまざまなアイデアで食品ロスの削減に取り組んでいます。

●賞味期限間近な商品をセール　株式会社 大丸松坂屋百貨店

　松坂屋上野店では、年に2回「食品もったいないセール」を開催しています。お中元やお歳暮などのギフト商品を中心に、賞味期限が近いことや、商品の入れ替えなどで、本来はまだおいしく食べられるのに廃棄されてしまっていた商品を、割引価格で販売しています。

　ふだん、割引されないような商品が売られるので、このセールを楽しみに待っているお客さんがたくさんいます。

●天気予報で食品ロスを救う?!　一般財団法人日本気象協会

　「今日は寒いから、おでんが食べたい」「今日は暑いから、そうめんが食べたい」など、お天気によって食べたいものは変化します。それにともない、食品小売店でも、お天気や気温によって売れる商品が変わってきます。

　前もって天気がわかれば、それにあわせて仕入れや製造ができるので、食品ロスを減らせます。

　日本気象協会では天気予報をもとに売上げを予測し、生産を調整するシステムを、企業とともに共同開発しています。

小売業向け商品需要予測サービス「売りドキ!予報」画像イメージ

仏さまのおさがりをいただく

　お寺には、お菓子や果物、日用品など、さまざまなものが供えられます。時にはお寺の中の人たちだけでは食べきれないほどの量が集まることも。その「おそなえ」を、仏さまからの「おさがり」としていただき、子どもをサポートする団体に協力してもらいながら、生活に困っている家庭に届ける活動をしているところがあります。特定非営利活動法人の「おてらおやつクラブ」です。

●困っている子どもたちを支えたいという慈悲の心

　日本では、子どもの7人に1人、約280万人が貧困状態にあるといわれています。経済的に余裕がなくて、満足に食べられない、ほかの子どもなら「当たり前」と思われている部活動、修学旅行、遊びに行く、塾に通うことなどができなくて、つらい思いをしている子も少なくありません。

　しかし、家庭の食生活は表面上ではわかりにくく、困っていることに気づかれず孤立しがちです。

　「おてらおやつクラブ」では、支援を通じて、おやつを受け取った人たちに「見守ってくれる人がいるんだ」という安心感を持ってほしい、そして苦しいときには「助けて」と声をあげてほしいと願っています。これは、仏さまの慈悲の心（仏教の大切な教え）が元になっています。

　約1500のお寺がこの活動に参加し（2020年8月現在）、おやつを受け取った子どもは月間のべ約1万1000人になり、活動はさらに広がりを見せているのです。

「おてらおやつクラブ」の
活動のしくみ

おすすめ図書

「いただきます」を考える
～大切なごはんと田んぼの話～

生源寺眞一 / 少年写真新聞社

食べ物が食卓にのるまでには長い道のりがあり、たくさんの人たちに支えられています。大切な食べ物とそれを生産する農業について、わかりやすい言葉で書かれ、「食」について考え直すきっかけになります。

うちは精肉店

本橋成一 / 農山漁村文化協会（農文協）

北出精肉店は、牛の肥育から屠畜・精肉までを7代にわたって営んできた精肉店。その仕事が写真でつづられています。生き物はどうやって食べ物に変わるのか、「いのちをいただく」「いのちを生かす」とは何かを考えさせられるでしょう。

お米ができるまで

岩貞るみこ / 講談社

新潟県魚沼市で米作りにはげむ農家の1年を追った物語。ただでさえ大変な日常なのに、さまざまな事件が起きるので、思わずのめり込んでしまいます。読み終わった後で、ごはんがさらにおいしくなること間違いなしです。

八月のひかり

中島信子 / 汐文社

8月、夏休み。小学5年生の美貴は、働くお母さんのかわりに料理や洗濯をします。仲良しの友だちもいないし、誰とも友だちになりたくない。それには理由があって…。見えにくい子どもの貧困を、主人公の繊細な気持ちを通して描いている物語です。

給食室のはるちゃん先生

光丘真理 / 佼成出版社

子どもたちに大人気の栄養士・はるちゃん先生は、工夫をこらした給食や、食の授業で、苦手な食べ物も好きにさせてしまう魔法使い。栄養士の仕事や給食室の知らないことなどがわかりやすく書かれたノンフィクションです。

おかげさまで、
注文の多い笹餅屋です

桑田ミサオ / 小学館

本書の中でも紹介している、ミサオおばあちゃんの物語です。家族の愛情、思いやりや感謝の気持ち、丁寧で頑固な手仕事など、すべてがつまっている笹餅は、私たちに「食べ物」の深くて大きな意味を教えてくれます。

🍚🥢 買うだけで、食品ロスを減

東京都北区にある、「ecolo ☆ marchē（エコロマルシェ）」は、食品小売店です。看板に「ワケあり食品」と書かれているのが、ほかの小売店とは、ちょっと違います。

買い物をするだけで食品ロスを減らせる特別な店なのです。

●ワケあり食品ってなんだろう？

店内には、お菓子、飲み物、ラーメン、調味料、レトルトカレーなど、さまざまな食品が置かれています。それらはすべて、賞味期限が残り少なかったり、賞味期限が切れていたり、箱やカンの形が変形しているなど、ワケあり食品です。

つまり、スーパーやコンビニエンスストアなどでは、返品や処分されてしまうものを販売しているので、このお店で買い物をするだけで食品ロスを減らせるというわけです。

しかも、ほかのお店よりも安く買えるのです。

●値札が色分けされている理由

値札は３色に分かれていて、赤色が賞味期限切れの商品（賞味期限が切れても、すぐに食べられなくなるわけではない）。黄色は賞味期限が近い商品。青色

値札の見方

賞味期限切れです。
まだ食べられる事は確認
済みですが、お早めに
お召し上がりください。

賞味期限が近くなって
いますので。お早めに
お召し上がりください。

賞味期限には問題なく、
左下に訳ありの理由が
記載されています。

は賞味期限に関係なく、パッケージの傷やへこみ、人気がなくなって売れなくなったもの、季節外れになった商品などです。

運搬用の段ボールがへこんだドリンク。中身は何も問題ないが、一般のお店では販売されず、食品ロスになる

季節限定の商品は、賞味期限とは関係なく、時期が過ぎれば捨てられてしまう

●捨てる側から守る側になりたい

この店を1人で立ち上げた尾形祐介さんは、プロのダイバーです。海に関わる仕事をしていて、小売業とは無縁の世界にいました。

ある時期、海の上でパーティーをする船で働いていたのですが、まだ食べられるのに捨てられる料理をたくさん見ました。

そして、「本当にこんなことを続けていていいんだろうか」と疑問に思い、食品を捨てる側から守る側になりたいと、強く思うようになったのです。それが、店を作ったきっかけです。

尾形さんは、どこの町にも「ecolo ☆ marchē」のような店があれば、少しでも食品ロスを減らしていけると考えています。

もし、みなさんの町にもこうしたお店があったら、ぜひのぞいてみてください。

🍚「迷子の食べ物」を必要な人

　自分では食べきれない。捨てるのはもったいないけれど、あげる人も見つからない。

　こうした「迷子の食べ物」があふれています。また、「自分が持っている食べ物を何かに役立ててほしい」と考える人もたくさんいます。

　東京都多摩市のNPO法人のシェア・マインドは、こうした食べ物を必要な人たちに届ける活動をしています。

●さまざまな食べ物が集まる

　シェア・マインドには、さまざまな食品が集まります。どんなものがあるのか、見てみましょう。

賞味期限ギリギリで販売できないあられ

子ども会のイベントで配られる予定だったお菓子。中止のため不要になった

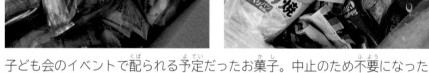

買いすぎて使いきれない砂糖

防災訓練で使われるはずだった食品。中止で不要になった

会社の防災備蓄食品。賞味期限が近くなり、新しいものと入れ替えるので不要になった

「誰かの役に立てば…」と、たくさんの人がさまざまな食べ物を寄付してくれる

●「大切に、おいしく食べてほしい」という願い

シェア・マインドでは、週に1回、食べ物を必要としている人に、買い物かご1つ分の食品を渡しています。金額にすると、およそ2000円～3000円分の食品です。

そして、食品を受け取る人から500円を預かります。なぜなら、寄付される食品を運ぶためのガソリン代や、食品を保管しておくための場所代など、活動にはさまざまなお金がかかるからです。

また、無料にすると、「ただでもらったから」と食べ物を粗末にしたり、逆に、「せっかくもらったのだから、口に合わなくても絶対に食べなければ」と考えてしまう人もいます。

シェア・マインドでは、「食べることに困っている人を支えたい」「食品ロスを解決したい」という2つの思いで活動しています。それと同時に、「大切に、おいしく食べてほしい」という気持ちも大切にしています。

みなさんのまわりに「迷子の食べ物」はありませんか。もしかしたら、その食べ物が誰かの役に立つかもしれません。

ドギーバッグって何？

　世界では、レストランで食べきれなかった料理を、当たり前のように持ち帰る国があります。そうした食べ残しを入れる容器を「ドギーバッグ」といいます。

　ドギーバッグとは、「犬のための入れ物」という意味ですが、これは「犬に食べさせるために持ち帰る」という、言い訳から生まれた言葉です。

●日本では持ち帰りできる店が少ない

　日本では、食べ残しを持ち帰りたいと思っても、店の人から断られることがあります。なぜなら、食中毒など、安全面での心配があるからです。

　でも、もし、持ち帰りができれば、食品ロスを減らすことはもちろん、料理を最後まで楽しむことができるでしょう。また、焼却処分をしなくてすむので、環境にも優しいのです。

●持ち帰りを可能にするために

　そこで、持ち帰る場合のガイドラインが示されています。具体的には、次のようなことです。
- ●自己責任で持ち帰る
- ●持ち帰れるのは加熱したものだけ
- ●寄り道せずにまっすぐ家に帰る（長く持ち歩かない）
- ●持ち帰ったら、すぐに加熱して食べる

　持ち帰る人が安全面に注意すれば、今後は持ち帰りできる店が増え、食品ロスを減らせるでしょう。

飲食店用持ち帰りステッカー

高校生のアイデア「たべったー。」

肉、魚、野菜、牛乳など、家庭では食品の多くを冷蔵庫にしまっています。でも、「入れっぱなしで腐らせてしまった」「あるのを忘れて同じものを買ってしまった」というように、冷蔵庫は食品ロスが出やすい場所でもあります。

そんな食品ロスを減らすアイデアが、「たべったー。」です。考えたのは高校生。シールを使って冷蔵庫の中を管理するので、小学校低学年から楽しく取り組めます。

●シールを動かすだけで、食べ物への意識が変わる

やり方は簡単です。冷蔵庫の食べ物をシールにして、食べたら「おなかページ」に、捨てたら「ごみばこページ」に貼ります。それによって、何を食べたか、何を捨てたかが一目でわかる仕組みです。

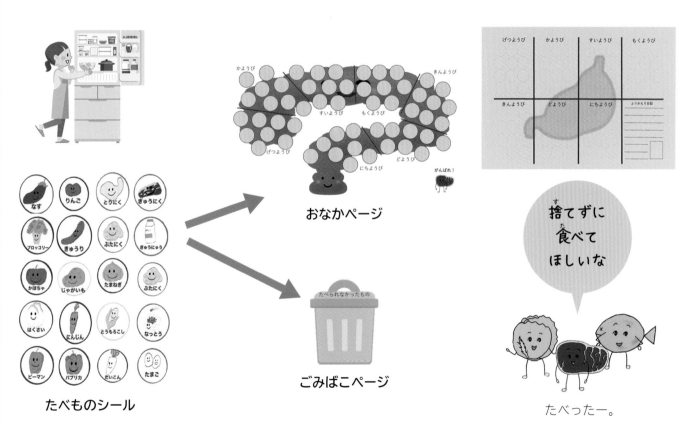

おなかページ

たべものシール

ごみばこページ

捨てずに食べてほしいな

たべったー。

くわしくは消費者庁、高校生が考えた食育で楽しく食品ロス削減「たべったー。」で検索。または、株式会社 Curio School まで。
「たべったー。」は、2017 年、中高生が企業とタッグを組んで創造力を競う「Mono-Coto Innovation（モノコトイノベーション）」の決勝大会に出場した高校生チーム（TM）[2] が発表したものです。

　2020年3月。新型コロナウイルスの感染拡大を防ぐため、全国の学校が一斉に休みになりました。そのため、牛乳、パン、野菜、肉類など、学校給食用に生産されている食材の行き場がなくなり、たくさんの食品ロスが生まれました。

●給食がなくて困っている人たちのために

　福岡県大野城市で学校給食や病院食などのパンを製造しているのが株式会社クロワッサンです。社長の山﨑貞水さんは、休校の知らせを聞いたとき、「この先どうなるのだろう」と、目の前が暗くなりました。会社で働いている人たちの話を聞くと、特に子どものいる家庭では、「給食がなくなって困る」「共働きなので子どもの昼食をどうしようか」という声が多く、不安でいっぱいなのがわかりました。

　そこで山﨑さんは、「給食パンを必要としている家庭に届けよう！」「こんなときだからこそ、自分たちの力で地域を元気にしていこう！」と決意したのです。ボランティア団体の人たちの力を借りながら、3月3日から3月24日までの間に、2万3000食のパンを無料で配りました。

たくさんのボランティアが力を貸してくれた

いつも学校で食べているパンなので安心

休校になると、給食用のパンは行き場を失ってしまう

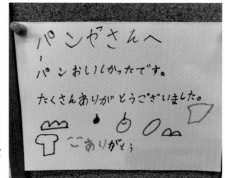

多くの子どもに、おいしさと温かい気持ちが届いた

ロス

●余った給食用の小松菜で収穫体験

東京都江戸川区で給食用の小松菜を生産しているのが小原英行さんです。学校が休みになったことで、3トンもの小松菜が出荷できず、困っていました。なんとかしなければ、せっかく育てた小松菜を捨てることになってしまいます。

そこで小原さんは、小松菜の収穫体験を企画。「子どもに、自分で採ったものを食べる体験をしてほしい」と、SNSを通じて発信すると大反響があり、たくさんの子どもや保護者が収穫体験に参加しました。

小松菜について説明する小原さん

初めて見る収穫前の小松菜に子どもたちは大喜び

給食用の小松菜はサイズが大きくて、スーパーなどで販売するのがむずかしい

また、小原さんは給食がなくて困っている子どもたちのために、無料で配る「こども弁当」を企画したのです。たくさんの小松菜を寄付し、コロナで困っているときに助けてくれた地域へ恩返しをしました。

小松菜を食べた子どもからうれしい手紙も

災害で生まれる食品ロス

　2020年7月。熊本県を中心に九州や中部地方など、日本各地で集中豪雨が発生しました（令和2年7月豪雨）。農作物や農地、または水産加工物が大きな被害を受け、その被害額は1000億円を超えました。

豪雨で、田畑に泥水が流れ込んだ

2メートルの高さまで水につかった畑

●収穫直前の作物が…

　熊本県の南部・葦北郡で農家を営んでいる釜博信さんは、収穫間近だったトウモロコシ1万2000本が泥をかぶって販売できなくなり、クリカボチャも7000個のうち、3分の2は腐ってしまいました。ほかにも、ビニールハウスで栽培していたデコポンや、植え付けたばかりの稲も大きな被害を受けました。

作物は、泥をかぶってしまうと販売できなくなる

皮をむけばおいしく食べられる

●カボチャを救い出せ！

なんとか1つでもカボチャを救いたいという気持ちで、釜さんのところに仲間たちが集まり、急いで収穫したり、日焼けしないように新聞紙でくるんで、5000個を救いました。

そのうち、皮が傷んでしまったものは、ペースト加工してレトルトスープにしました。もし、仲間の力がなかったら、すべてが廃棄処分にされていたのです。

●だめになったいりこを役立てたい

熊本豪雨で被害を受けたのは、農作物だけではありません。天草市牛深で、いりこ（小さいイワシを塩水でゆでて干したもの）の加工をしている金棒秀一さんの工場は、大雨で裏山が崩れ、商品がだめになってしまいました。

金棒さんは、だめになってしまったいりこを、肥料にして農家の人たちに使ってもらうことにしました。手間をかけて作り上げたいりこを、なんとか役に立てたかったからです。

●作った人を想像する力

私たちが日々食べているものには、必ず作った人がいます。汗水流して、一生懸命に作ってくれる人のおかげで食卓が豊かになっています。

しかし、こうした災害によって、せっかく作ったものを廃棄しなくてはならないこともあります。

それでも、知恵を絞ったり、力を合わせれば、少しでも廃棄が減らせるということを、ぜひ覚えておいてほしいのです。

江戸のエコロジーを学ぶ

　江戸時代の人たちは、すべてのものをムダなく大切に使う生活を送っていました。茶碗が欠けても、上手にくっつけて使い、紙くずも鉄くずも拾って再利用。もちろん、食べ物を残したり、皮を多くむきすぎて捨てるようなことはありませんでした。

　そんな、江戸時代の人たちの食べ物に対するエコロジーを学ぼうと、東京家政学院大学では、家庭科の先生を目指す学生が、44組の読み札・絵札で「江戸エコかるた」を作りました。

つ　漬物は
手軽に作れる
保存食

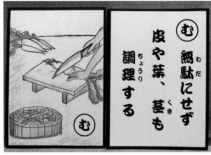

む　無駄にせず
皮や葉、茎も
調理する

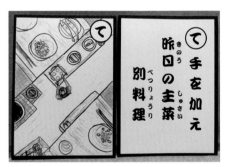

て　手を加え
昨日の主菜
別料理

ら　楽しない
買い置きいらない
長期保存

せ　生活の
知恵や工夫で
エコご飯

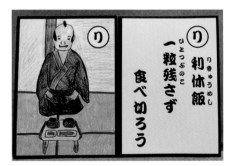

り　利休飯
一粒残さず
食べ切ろう

ひ　肥料には
生ゴミ使う
江戸の知恵

ね　根っこから
葉っぱの先まで
使い切ろう！

　みなさんも、食品ロス削減をテーマにして、かるたを作ってみませんか。標語を作るときのように考えると楽しく取り組めるでしょう。

チャレンジ！捨てない暮らし🍽

　毎日の暮らしの中で、ちょっとだけ食品ロスを意識することで、食べ物を捨てる量はぐんと減ります。できることから始めてみよう！

●買い物の前に牛乳1杯

　腹ぺこのまま買い物に行くと、なんでもおいしく見えて買いすぎてしまいます。なので、何かをちょっとおなかに入れて行きましょう。牛乳1杯、バナナ1本、食パン1枚、キャンディー1つでも小腹が満たされ、買いすぎ予防になります。

●畑の頃を思い出して

　冷蔵庫に野菜をしまうときは、野菜が畑にあったときのポーズにしてあげると長持ちします。たとえば、長ネギ、にんじん、大根などの向きは縦です。牛乳パックなどを利用して立ててあげると長持ちします。長すぎるときは適当な大きさにカットしても大丈夫。キャベツやレタスは根元が下になるように置きます。

●バナナの黒い点はおいしい証拠

　バナナの皮に黒い点が見えると、腐っていると思って捨ててしまう人がいます。この黒い点はシュガースポットといって、中身が甘くなってきた合図。バナナが食べ頃を教えてくれているのです。捨てないで！

●非常食も捨てずに食べよう

　災害に備えて置いておく非常食。気がついたら賞味期限がとっくにきれていた、なんてことも珍しくありません。賞味期限が近くなったらどんどん食べて、新しいものに入れ替えましょう。実際に食べてみることが災害の予行練習にもなります。

教えてくれた人：健康料理教室　Green Cooking-ABE

昔は食べ物を残さなかった

●一汁一菜が当たり前

みなさんは「一汁一菜」という言葉を知っていますか。これは、ごはんのほかに、みそ汁（一汁）、おかず（一菜）だけの食事のことです。

1960年くらいまでは、日本の平均的な家庭では、この一汁一菜がふつうの食事の様子でした。

昔の食卓

今の食卓

おかずは野菜料理が中心で、いもの煮ころがし、煮豆、きんぴらごぼうなど。ほかには漬物くらいです。夕飯は少しだけ豪華になって、焼き魚や煮魚が加わることもありました。今と比べると、ずっと質素な食事ですね。

昔のおかず

いもの煮ころがし

煮豆

きんぴらごぼう

切り干し大根

おから

夕飯には焼き魚が出ることも

また、出された料理を少しでも残せば「バチがあたる」といって叱られました。昔は、食べられるのに捨てるなどということは少なかったのです。

●米粒ひとつ残さない工夫

「米」という漢字は「八十八」という文字からできたといわれています。米ができるまでには、八十八もの手間がかかるという意味なのです。

そのため、お茶碗に米粒ひとつでも残せば、「農家の人に申し訳ない」と言われました。

ごはんを食べ終わると、茶碗にお茶を注いで、漬物で茶碗を洗うようにしてきれいに食べる人もいました。

最後にはお茶を飲み干して、漬物も食べる

●果物は近くで採れるものだけ

流通が発達した現在は、日本国内はもちろん、世界中の果物を食べられます。でも、昔は、今のような運送システムが整っていなかったため、遠くの産地の果物はなかなか食べられませんでした。

また、果物の缶詰は貴重品で、風邪を引いたときなどにしか食べさせてもらえませんでした。今とはずいぶん違いますね。

●食べ物が貴重だった証言

1940年生まれです。子どもの頃、ようかんをもらったとき、食べるのがもったいなくて、しばらくタンスの中にかくしておいたことがあります。懐かしいなぁ。

私は1955年生まれ。大人になったら、いつか思いきりバナナを食べてみたいなって思っていました。だって、バナナは高級品だったから。

私は1960年生まれ。子どもの頃の憧れは、なんといってもケーキ。だって、食べられるのは誕生日とクリスマスだけだったから。今はお祝いの日じゃなくてもケーキが食べられるなんて、本当に夢みたいだわ。

27

天ぷら油で車が走る！

みなさんの家では、使い終わった天ぷら油（廃食油）を、どうしていますか。固めたり、紙に吸い込ませてから捨てていませんか。実は、それは、とてももったいないことです。というのも、廃食油には、さまざまな使い道があるからです。

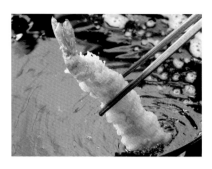 

　東京都墨田区にある株式会社ユーズでは、廃食油でディーゼル車※の燃料を作り出し、さらに発電もしています。70年以上の歴史を持つこの会社の3代目社長、染谷ゆみさんは、今から約30年前に、大豆油を原料に、環境によい燃料が作れることを知りました。そして、「それなら、天ぷら油でも燃料が作れるはず！」と確信。実験を重ね、成功や失敗を繰り返し、ついに、新しい燃料「VDF（ベジタブル・ディーゼル・フューエル／植物の燃料）」で車を走らせたのです。また、天ぷら油そのものを使う発電にも成功しました。

●毎年、プール926杯分の油が捨てられる

　日本では、年間約50万トンもの使用ずみ天ぷら油が捨てられています。25メートルプールで926杯分。ものすごい量だと思いませんか。

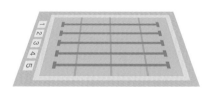

　廃食油には、飲食店や揚げ物店などから出るものと、家庭から出るものがあります。店からの廃食油の多くは肥料や家畜のエサとしてリサイクルされますが、家庭の場合は、ほとんど捨てられてしまいます。

　そこで、染谷さんは家庭から出る廃食油を集めようと考えました。天ぷら油がエネルギーに生まれ変わることを伝え、理解してもらえるよう、あちこちに足を運びました。17年という長い月日の中で、応援してくれる人が増えていき、現在では関東に約400カ所、廃食油を集める回収ステーションができました。

　また、飲食店や揚げ物を扱う店からも、毎日一斗缶（18リットル）3000缶分の廃食油を回収しています。

※ディーゼル車とはトラックやバスのようなディーゼルエンジンを積んだ大型車です。一般的な自家用車はガソリン（または電気）で走りますが、ディーゼル車は軽油で走ります。

天ぷら油で車が走る！

各家庭から持ち寄られた天ぷら油。持ってくるだけでエコ活動に

大きな釜で集められた油のカスを取り除く

回収所に貼られたポスター

●生まれ変わる天ぷら油

　集められた油はカスを取り除き、化学的処理をされると、ディーゼル車で使う燃料のVDFに生まれ変わります。集めてきたときはドロドロで黒かった油が、水のように透明でさらさらになります。普通のディーゼル燃料と比べると、黒煙は2分の1以下、大気汚染の物質はゼロ、二酸化炭素（CO_2）の排出も少ないので、夢のような燃料です。東京都・自由が丘のコミュニティバス・サンクスネイチャーバスにはVDFが使われていて、町に住む人や、町を訪れた人たちの足として大活躍しています。

「天ぷらバス」の愛称で親しまれている

●地球をトラックで2500周?!

　もし、日本で毎年捨てられている約50万トンの天ぷら油を、すべて燃料にリサイクルできたとしたら、なんと、トラックで地球を2500周もできるそうです。

　そう考えると、使い終わった天ぷら油はごみではなく、貴重なエネルギー源だと思いませんか。

天ぷら油で電気がつく！

●そのままの天ぷら油で発電？!

染谷さんのもうひとつの大きな取り組みは、天ぷら油を使った発電です。

ディーゼル車の燃料となるVDFは、精製してきれいになった油を使いますが、発電に使う油は、料理に使った生の天ぷら油が原料になっています。大きな天ぷらカスを取り除き、特別に開発された発電機に入れると発電できるのです。

天ぷら油専用の発電機

2016年から、染谷さんは「TOKYO油電力」という会社を設立して、電気を販売しています。送電線を通じて電力会社に販売され、そこから契約した家庭へ電気が送られるのです。希望すれば誰でも、天ぷら油から作られた電気を買うことができます。

私たちは毎日、電気を当たり前のように使っています。これからはその電気がどうやって作られているかを考えることも大切です。

●東京を油田にする！

日本は石油のほとんどを輸入に頼っています。車を走らせるにも、電気製品を使うにも、国内のエネルギーだけでは足りません。しかし、廃食油を燃料にして、発電に使えばどうでしょうか。新しいエネルギーを生み出し、しかも、環境に優しいエネルギーです。

日本にはほとんど油田がありません。でも、「捨てられる天ぷら油を有効に活用すれば、東京は大きな油田になる」と染谷さんは話します。

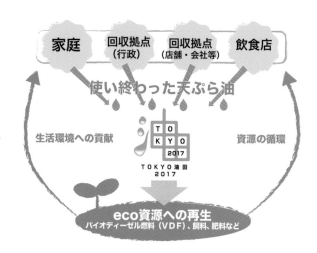

●天ぷら油は宝の山

　使用ずみの天ぷら油は、石けん、ロウソク、肥料、家畜のエサなどにリサイクルできる宝の山。でも、薬で固めたり、紙に吸い込ませて捨ててしまう家庭がほとんどでしょう。

　もちろん、排水溝に流してしまうよりはいいのですが、ごみとして出された油は焼却することで二酸化炭素を発生し、地球温暖化につながってしまいます。しかし、リサイクルすれば資源になり、新たなエネルギーになるわけです。

　そして、天ぷら油は使い終わった後、こし器を使ってカスを取りのぞけば、炒め物などに使えます。上手に保存すれば、二度三度と揚げ物もできます。天ぷら油は食べ物なので、食べ物として使い切るのが、食品ロスをなくすためには最もよい方法なのです。

廃食油で作った石けん

天ぷら油で灯がともる
キッチンオイルキャンドル

●染谷さんからのメッセージ

　私は 19 歳のとき、バックパッカーとして世界を旅しました。ネパールの国境を越えるときに山が崩れ、寸前のところで命を落とす体験をしました。その山崩れの原因が森林伐採だと知って、環境を守ることの大切さを身にしみて感じました。

　天ぷら油をエネルギーに変えることは、環境を守ることにつながります。なぜなら、CO_2 の排出量が少なく、大気汚染物質を含まないからです。また、遠くの国から大量のエネルギーを使って運ばなくても、天ぷら油は日本中のどの地域にも必ずあります。つまり、地産地消です。

　使い終えた天ぷら油は、ごみではありません。持続可能なエネルギーとして循環社会を作る大切な資源です。そのことを 1 人でも多くの人に知ってもらい、日本中の油を資源に変えるのが私の目標です。

ミサオおばあちゃんの笹餅

世界でひとつだけの味

青森県五所川原市。93歳の桑田ミサオおばあちゃんは、今日もせっせと笹餅を作っています。

その数、なんと年間5万個。

山に笹の葉を取りに行くのも、何時間もかけてあんを煮るのも、餅をまるめて葉でくるんで蒸すのも、全部ひとりでやっています。

笹餅作りを始めたのは60歳のときで、老人ホームに笹餅を作って届けたところ、食べた人が涙を流して喜んでくれたのがきっかけでした。なんと、75歳で作業所も作りました。

●お母さんから受けついだふるさとの味

ミサオおばあちゃんは、幼い頃にお父さんを亡くしています。そのため豊かな暮らしではありませんでしたが、お母さんは心からかわいがり、一生懸命に育ててくれました。

子どもの頃、手先があまり器用でなかったミサオおばあちゃんを、「10本の指は黄金の山だよ」とはげましながら、お母さんは笹餅の作り方を教えてくれました。

冷蔵庫のない時代、殺菌力の強い笹の葉で包んだ笹餅は、夏場でも日持ちがすると、どこの家庭でも作られていたふるさとの味です。

若い人に笹餅の作り方を教える、ミサオおばあちゃん

●笹餅で元気を届けたい！

2011年3月11日。東日本大震災がありました。

ミサオおばあちゃんは「1000個の笹餅を被災地に届けたい」と考えました。それは、祈りを込めて作られる千羽鶴の数と同じです。

笹餅を受け取った高校生から、たくさんのお礼の手紙、笑顔の写真が届きました。

「おばあちゃんの味、一生忘れません！　いっぱい元気をもらいました！」

「僕たちもおばあちゃんに負けないようにがんばります」

「必ず、今まで以上に復興させます！」

一つひとつ愛情込めて作られた笹餅

●おいしさとたくさんの思い

小豆の皮のひとつもムダにせず、食材をいつくしむように作るミサオおばあちゃんの笹餅は、お母さんへの感謝、ふるさとの思い出、食べる人の幸せを願う気持ちなど、いろいろな思いがギュッとつまっています。

食べ物は、体だけでなく心にもたくさんの栄養を与えてくれます。だからこそ、昔から「食べ物を粗末にしてはいけない」といわれるのです。

ミサオおばあちゃんの笹餅は、そんな大切なことを考えさせてくれると思いませんか。

津軽鉄道で笹餅を売っていたことも

あなたにとって、「食べること」とは何か、立ち止まって考えてみましょう。

食べ物があるのは当たり前でないのです。作り手への感謝を込めて「いただきます」「ごちそうさま」。みんなで知恵と工夫を持ち寄れば、食品ロスがない未来はきっと実現できるはずです。

おさらいのページ

「エシカル消費」って知らなかった。でも、誰でもすぐ始められるんだね

フードドライブに参加すると、必要な人に食べ物が届くし、食品ロスをなくすことにもつながるんだね

災害があると農作物にこんなに被害が出るんだ。でも、農家の人たちは知恵を絞って、少しでも食べ物を救おうとしているんだ

昔の暮らしには、まねしたいことがいっぱいある。今度は、自分たちの言葉で、食品ロスを減らすためのかるたを作ってみよう

　私たちは、たくさんの食べ物にかこまれて生活しています。食べ物があるのが当たり前で、残すことや捨てることに鈍感になっているのかもしれません。
　でも、食べ物には命、作る人の思い、それを作るためのエネルギーなど、たくさんのものがつまっているのです。「もったいない」を合言葉に、食品ロスを減らしましょう。

この本の制作に協力していただきました

■上村協子／うえむらきょうこ
東京家政学院大学教授・消費者庁食品ロス削減推進会議委員

「食べることは生きることだから。食べ物を粗末にしてはいけない」。50年以上前に聞いたのに、祖父のその声、語った表情もなぜだか、鮮明に覚えています。食べ物を粗末にすることは、自分の生き方を粗末にする。食べ物を捨てる作業、廃棄作業は苦痛だという声があるのに、大量の食品ロスを出している日本は、本当は貧しい国だった。私たちは、貧相な暮らし方をしていた。気がついたとき、足元が崩れる思いで愕然としました。

この3巻シリーズで紹介された笹餅作りのミサオおばあちゃんや、災害時の農業者の事例と出会い、そのたびに豊かな生き方とは何かを考え直す機会をもらいました。2019年、食品ロス削減に関する法律ができ、食品ロス削減が国民運動として展開されていますが、自分の日常生活を大事にすることをあきらめず、元気にエシカル活動をする生活者の知恵と勇気が縦糸に、活動やチャレンジが横糸で、持続可能な社会が織物のように描かれることを期待します。

新型コロナ感染症拡大の危機のなかで、生活のとらえ方は変わり、社会も変わる可能性があります。食べ物を粗末にしない仕組みをもう一度みんなで考えるときです。食品ロス削減活動に取り組むことは、自然と共生し、めぐりめぐって自分の人生を豊かにすることなのです。自分なりの食品ロス削減活動を見つけて実行し報告に来てくれる、子どもたち・若者たちからは、自己肯定感、小さな自信が感じられます。食品ロス削減を次世代に「社会」と「地球の未来」を伝えるバトンとして、その気持ちを育てていきたいものです。

■文京区

■レストラン・Jbien

■山崎製パン株式会社

■株式会社大丸松坂屋百貨店

■一般財団法人日本気象協会

■特定非営利活動法人おてらおやつクラブ

■ecolo☆marchē

■NPO法人シェア・マインド

■株式会社 Curio School

■株式会社クロワッサン

■小原英行

■KAMA FARM

■株式会社金棒水産

■東京家政学院大学

■Green Cooking-ABE

■株式会社ユーズ

編 者　株式会社幸運社
　　　　歴史、社会、科学、言語、健康、食文化など、さまざまな分野の制作集団。生活に役立つ広範囲な執筆活動を展開しています。主な著書に『とっさの「防災」ガイド』『世界なんでもランキング100』『ことばのマナー常識401』（以上、PHP研究所）、『「とても頭のいいやり方」大事典』（廣済堂出版）、『日本の教養・雑学大全』（三笠書房）などがある。
監 修　東京家政学院大学教授　消費者庁食品ロス削減推進会議委員　上村協子
編集制作　松島恵利子
デザイン　KIS
写 真　コープこうべ、佐賀市、大分市、文京区、レストラン・Jbien、山崎製パン株式会社、株式会社大丸松坂屋百貨店、一般財団法人日本気象協会、特定非営利活動法人おてらおやつクラブ、ecolo☆marché、NPO法人シェア・マインド、株式会社 Curio School、株式会社クロワッサン、小原英行、宮川将人、東京家政学院大学、株式会社ユーズ、PIXTA

今日からなくそう！ 食品ロス ～わたしたちにできること～

③ 食品ロスとSDGs

2020年10月　初版第1刷発行
2021年 4月　初版第2刷発行
編 者　株式会社幸運社
発行者　小安宏幸
発行所　株式会社汐文社
　　　　〒102-0071　東京都千代田区富士見1-6-1
　　　　TEL03-6862-5200　FAX03-6862-5202
　　　　URL https://www.choubunsha.com
印 刷　新星社西川印刷株式会社
製 本　東京美術紙工協業組合

ISBN978-4-8113-2725-9